VERA MÖLLER

KLEIN ERNA
aktuell

HANS CHRISTIANS VERLAG

Gestaltung und Herstellung:
Hans Christians Druckerei Hamburg
Printed in Germany, ISBN 3 7672 0197 6

VORWORT

Wissen Sie, die Klein Erna – die Göre, die früher mal all die komischen Geschichten gemacht hat –, die gibt das scha schon längs nich mehr! Aber die Type, die Familie, das „Missingsch", das gibt das noch! Noch, wer weiß, wie lange noch!
Denn bei die Erziehung inne Schulen, da wird da ja auf geachtet, daß die Görn nich „scha", sondern „ja" sagen und sowas alles! Und nich mir und mich verwechseln tun! Wissen Sie, da hab ich Angst vor, daß bald keiner mehr „Hamburgisch" spricht und daß das „Missingsch" einfach so abstirbt!
Und um das noch'n büschen an Leben zu erhalten, hab' ich diese Geschichten hier geschrieben. Das soll'n keine „Witze" sein – nee, nur so Miliö-Geschichten und Dialoge über Aktuelles! Damit man in 10 oder 20 Jahren sich noch'n büschen wundern kann, wie das damals war!
Ach ja – noch was! Bitte, lieber Leser, nich den ganzen Kram aufm mal lesen! Kannst ja auch nich'n ganzes Pfund Kavia mittenmal aufessen!

„BIET"

Klein Erna, die ja nun schon'n richtiger „Tienetscher" ist, hat ja meist ganz andere Interessen als Mamma und Pappa!
Sie findet das fix doof, wenn die nach'n Abendbrot jedes – aber auch jedes Programm in der Glotzkiste ankuckn, bloß, weil sie sich sonst nix zu sagen haben!
Meist schlafen sie dabei ein! Wenn Pappa zu laut schnarcht und Mamma noch wach ist, kriegt er'n Rippenstoß, denn kann er wieder'n Augenblick glotzen! Aber ins Bett will er patu nich – könnt' ja was verpassen!
Nee, Klein Erna is mehr für „Biet"! Am liebsten von morgens bis abends – auch beim Schularbeitenmachen! Und so laut wie möglich! Pappa hört da ja nix von, ischa tagsüber auf Arbeit! Und wenn Mamma einholn is, dann läßt Klein Erna ihr Radio oder Grammo auf volle Lautstärke brüllen!

Haben sich schon oft die Nachbarn über beschwert! Aber da gibt Klein Erna nix um! Dann jiddelt sie ganz allein in der guten Stube vor sich hin – manchmal auch in der Schlafstube – vorn Spiegel! Macht fixen Spaaß! Ehrlich!! An den Wänden kleben alle ihre „Biet"-Lieblinge! Besonders Roy Bläck! Hat sie auch'n Autogramm von!
Auch Neger hat sie! Ob sie schwaaz oder weiß sind, schert sich Klein Erna nich um! Pappa kriegt jedesmal Zustände, wenn er in Klein Erna ihr Zimmer kuckt! Der kann die Langhaarkerle nämlich nich ab!
Ihre Freundin Frieda is genauso verrückt auf „Biet"! Ihr ganzes Taschengeld gibt sie für neue Ell-Piis aus!
Andere Musik gibt das nich für die beiden. Neulich sagt Klein Erna, wie sie so an Radio rumfummelt:
„Wenn ich schon ‚Ohpus' hör', dreh ich ab!"

BEI'N EINHOLN

Trifft Mamma neulich ihre Nachbarin auf Straße, die da vollbepackt mit Taschen und Tüten obenauf ankommt! Die stellt ihrn Kram auf die Erde und sagt: „Na, Frau Pumeier, auch'n büschen einholn?"
„Ja", sagt Mamma, „muscha", dabei kuckt sie auf die Nachbarin ihre vielen Tüten von Spar. „Na, Sie haben ja mal wieder fix zugelangt – wer soll denn das alles essen?"
„Weiß ich auch nich – ich kann und kann nun mal in Sparladen nich an mich halten! Wenn ich son billiges Huhn seh', kauf ich, wenn Schwein'n Groschen billiger is, kauf ich! Komm ich doch neulich zuhause, pack aus, da seh ich'n Paket! Kann ich mich ganich an erinnern, daß ich das eingepackt hab!"
„Was war denn das?"
„Nazi – Goräng! Schinesisch!"
„Und wie schmeckt das?"
„Weiß ich noch nich, könn' wir erst nächste Woche essen – meine Brille is geputt!"
„Und denn können Sie nich essen?"
„Nee, nich lesen, die Beschreibung, die da auf is – wie man das kocht!!"
„Ach soo! Nee, son Kram kommt mir nich ins Haus", sagt Mamma, „ich geh nich mehr zu Spar! Kauf ich auch immer mehr, wie ich bezahln kann! Steh ich doch neulich an der Kasse und hab nich genug Geld! Nee, wie ich mich scheniert hab! Da geh ich nich wieder hin! Ich geh nur noch zun Krämer an der Ecke! Ischa auch viel persöhnlicher, kann einen beraten und fragt mal nach der Familje – und sowas alles!"

„Na denn Tschüß Frau Pumeier – denn man guten Einkauf mit Klöhnschnack!"
Mamma geht denn auch nach'n Krämer Meier an der Ecke. Laden is leer! Herr Meier freut sich, daß jemand kommt, und sagt freundlich: „Tag Frau Pumeier, was solls denn sein?"
„Weiß ich selber noch nich!"
„Für Mittag?"
„Nee – Abend!"
„Tja, solls denn wohl mal Würstchen sein, mit Kartoffelsalat?"
„Ach nee – ischa kalt, wenn mein Mann abends zuhause kommt, will er immer was Waames!"
„Wie wärs denn mit ner Linsensuppe, hier, sehn Sie, fertig in Tüte! Is leicht zu! Einfach in heiß Wasser schütten und'n büschen Kochwurst reinschnippeln – fertig is die Laube! – U n d is was Waames!"

BERUFSBERATUNG

„Also, Klein Erna, soo geht das nu nich weiter! Was denkst du dir eigentlich dabei – ganzen Tag so rumdammeln und nix wie Flusen in Kopf! Mußt dich nu bald mal entscheiden, was du werden willst!"

„Ach Mamma, weiß doch selbs nich, wo ich Lust zu hab! Könn' ja mal nach die Berufsberatung gehn!"

Nächsten Tag gehn sie denn hin. Müssen erstmal waaten! Wolln scha andere auch beraten werden! Nach ne Stunde wird gerufen: Frau Pumeier und Tochter!

Sitzt da son Mann und fragt ganz freundlich nach'n Alter und sowas, ob man gesund is und all son Quatsch. Und denn fragt er:

„Was für Neigungen haben Sie denn, Fräulein Pu – – wie war das noch – Vogel?"

„Nee, -meier", sagt Klein Erna, „das is das ja gerade, Herr Berater, was ich nich weiß!"

Da fragt er: „Wie wär's denn mit Kindergärtnerin?"

„Nee", sagt Klein Erna, „mit fremde Görn rumärgern, das is nix für mich – da bin ich nich für!"

„Und Krankenpflegerinnen werden gesucht!"

„Gitt nee", sagt Klein Erna, „so bettlägerige alte Leute, die so vor sich hinmachen und sabbern – nee, das nervt mich, das kann ich erst recht nich ab!"

„Oder in der Gärtnerei arbeiten, das macht doch Spaß – so schöne Blumen züchten!"

„Um Gottes willen, nee – da muß man sich scha bei bücken – und kriegt dreckige Fingern von!"

Da sagt Mamma: „Aber nähn kannst du doch ganz nett, bist doch fingerfärtich!"

„Ach Mamma, wo denkst du hin! Für irgend sonne Dickmadamm – nee, da hab ich keine Lust zu!"

Da wird der Berater langsam ungeduldig und fragt:
„Na, wozu haben Sie denn nun Lust?"
Klein Erna denkt ganz lange nach. – Mittenmal kommt die Erleuchtung in ihr Gesicht!
„Ja – also, Herr Berater, wenn ich das so recht bedenk, möcht ich sonne Art Picasso werden!"
„Wie stellen Sie sich das denn vor?"
„Ach, ganz einfach, wissen Sie! Erst, morgens schlaf ich erstma lange aus! Und denn – denn geh ich'n Stück spazian und denk nach! Und wenn mir bis mittags noch nix eingefallen is, denn eß ich erstma! Aber guut! Zun Beispiel'n ordentliches Steek mit Pommfriet! Und denn mach ich'n Mittagsschläfchen! Und wenn ich denn so an Dösen bin, fällt mir bestimmt die Bild-Idee ein! Denn mal ich das fix runter – so – paar Striche, paar Kleckse – in Null Komma nix! Denn verkauf ich das fürn paar tausend Maak! Davon kann ich denn wieder ne Zeitlang leben und essen! Tscha, das würd' mir schon zusagen, wissen Sie – da hätt ich Lust zu!"

HOTT PENZ

Wenn Pappa abends zuhause kommt, is er meist fix und fertig! Jacke an'n Nagel, Puschen an, rinn in'n Sessel und auf'n Knopf von der Glotzkiste gedrückt – is eins! Kein Wort!
Nee sowas, denkt Mamma! Die kennt das schon und weiß auch, was gleich kommt:
„Mamma, lang mal'n Buddel!"
Mamma geht nach'n Eisschrank und holt ne Buddel Bier, macht sie auf und sagt: „Da!" Das ist die ganze Unterhaltung!
Den Rest macht die Glotzkiste!
Ist grad Drehscheibe. Ischa manchmal ganz intressant, aber – wenn da zum Schluß son „Star" kommt, dann dreht er den Ton einfach ab und liest solange die Bild-Zeitung, bis was anderes kommt!
Kommt auch was anderes! Mode aus London! In dem Momang kommt Klein Erna da überzu! Kommt in die Stube gefegt, sagt „Tach" und „Oh, schääk, Modenschau!"
Pappa will grad auf'n anderen Knopf drücken, da hält Klein Erna ihn fest: „Laß an, Pappa, muß ich sehn!"
Es werden kurze Höschen vorgeführt, und ein Sprecher sagt: „Die Hot Pants haben ihren Siegeszug gemacht, die elegante Frau trägt auch am Abend Hot Pants!"
Pappa: „Nu kuck dir diese Weiber an, kürzer geht's ja wohl bald nich mehr! So'n Schweinkram! Daß du mir nich mit sone Dinger nachhause kommst!"
Am nächsten Tag trifft Klein Erna ihre Freundin auf der Straße: „Na, Frieda, hast du gestern auch im ‚Seher' Modenschau aus London gesehen? Hott Penz! Ich sag dir – Klasse – ehrlich – muß ich haben! Und wenn

Pappa mir den Hintern versohlt! Ich weiß auch schon, wie ich das mach', daß er nix merkt!"

„Wie denn?"

„Ganz einfach! Ich hab doch Jiens, die schneid' ich einfach ab – son büschen übern Knie!"

„Das sind denn doch ‚Bermudas'!"

„Wart's doch ab! Am nächsten Tag schneid' ich wieder'n büschen ab, und jeden Tag'n büschen mehr! –
Wird sein Auge sich schon an gewöhnen!"

KLEIN ERNA ALS „KÄDDI"

Käddi? Was das denn?
Käddi is, wenn einer Golf spielt und der andere die Karre zieht! Der andere, das is der Käddi!
Was fürn Karre?
Son Dings mit zwei Räder und soner Tasche obenauf mit Schläger in!
Ach soo – ist das schwer?
Nö, geht so! Aber kriegt man ja auch sein Geld für!
Wieviel?
So fünf bis sechs Maak, manchmal auch mehr – je nachdem, wie spendabel der Spieler is!
Und wie geht das – Golf? Is das nich son langweiligen Kram für alte Daddis?

Das hängt da ganz von ab, ob einer das kann! Wenn einer nur so rumhackt, is das langweiligen Kram! Aber wenn einer das kann, weißt du – je jünger einer is, je besser kann er spieln! Denn ist das fix aufregend!
Und wie geht das nu – Golf? So wie Mini?
Ja, so ähnlich, nur in länger! Willst das genau wissen? – Also erst nimmt er son kleinen Stift mit ne Delle in, das is das Ti! Und da legt er'n Ball auf!
Tscha, und denn?
Denn haut er danach mit'n Schläger, ganz weit – so an die 200 Meter – aufs Feer, das is die Spielbahn, wo der Ball hinsoll! Manchmal fliegt er auch in die Büsche! Dann geht das Gesuche los! Wenn er weg is, is er weg! Dann muß er nochmal aufn Abschlag – und denn, wenn er nu richtig aufn Feer is, dann haut er da nochmal nach, so oft, bis er aufn Grün is!
Was is das denn?
Das is sowas wie'n Rasenteppich mit'n Loch in!
Wieso – is der geputt?
Nee, du Schafskopf, das is das Loch, wo der Ball rein soll! Wie bein'n Mini! Und wer da am wenigsten Schläge zu braucht, der hat gewonnen!
Und denn is alle?
Nee, das geht achtzehnmal! Und denn sind da so Sandkuhln, extra zun Ärgern für die schlechten Spieler!
Ischa direck gemein!
Und aufn Grün, da wird gepöttet – das is son Trudeln! Und wenn er direck vorn Loch liegenbleibt, kriegst die Platze!
Denn ischa doch'n Glücksspiel!
Nee, grade nich! Könn' muß man das eben, und wenn du zu doof bist, dann lernst das nie! Muß man Talent zu haben und'n richtigen Zislaweng!

ZUSTÄNDE

Wie Mamma mal wieder beim Einholn is, kommt ihr Frau Tessmann von Gegenüber in die Quere.

„Na", sagt die, „Frau Pumeier, was machen Sie denn fürn Gesicht?"

„Ach, nix wie Ärger", sagt Mamma.

„Wieso, wieder mit Klein Erna?"

„Nee, diesmal nich! Sind die Zustände in Haus! Kenn'n Sie ja! Die Leute! Nix wie Zank und Streit! Laß ich mir nich gefalln von die Pingel!"

„Was denn?"

„Grad bin ich fertig mit meine Wohnung – Sie wissen, daß ich immer für Sauberkeit bin –, kommt die Pingel bei und schüttelt ihrn Läufer von Balkong aus! Direck in meine offene Fenster rein! Wie ich das gewahr werd', werd' ich aber fünsch! Und da hab ich mich gehnlassen und hab ihr'n Schimpfwort raufgeschrien!"

„Ach was?!"

„Und wissen Sie, was die macht? Die Pingel? Gelacht hat die! Wie ich nach'n Einholn weggeh, hat die immer noch hinter mir an gelacht! Aus ihre offene Tür raus!"

„Müssen Sie sich mal über beschwehrn", sagt Frau Tessmann –, „bei die Hausverwaltung!"

„Ja", sagt Mamma, „hab ich längst vor! Mal is Schluß! Und wie das hier aussieht bei uns! Verwahrlost! Allein die Fenster! Kein büschen Faabe auf! Und kucken Sie sich mal die Haustür an!"

„Ja, man los, schreiben Sie, Frau Pumeier, wenn keinein was sagt, kommt da auch keine Änderung in!"

Mamma geht zuhause und schreibt:

Werthe Firma!

Ich muß Sie mal in Erkennis von setzen, daß hier im

Hause Plümerstraße 4 Zuhstände härschen! Wissen Sie die Pingel, dritte Etaje, wie die sich benimmt! Schüttelt mir doch den ganzen Dreck auf'n Kopf und lacht denn noch hinter mir an! Und das Fenster in die Haustür ischa geputt! Wer das getan hat, lücht ja doch! Und wenn Sie beikomm und ne neue Scheibe einsetzen, wird die auch noch wieder geputtgemacht. – Und wer es denn getan hat, lücht auch noch wieder! Ich hab'n Vorschlach: Machen Sie ein Brett vor, und kaufen Sie ein fittel Fund Faabe und streichen das über! Denn geht das nich wieder geputt! Und die Pingel, die muß hier raus, sons gibt das noch Mord und Totschlach!

Frau Pumeier.

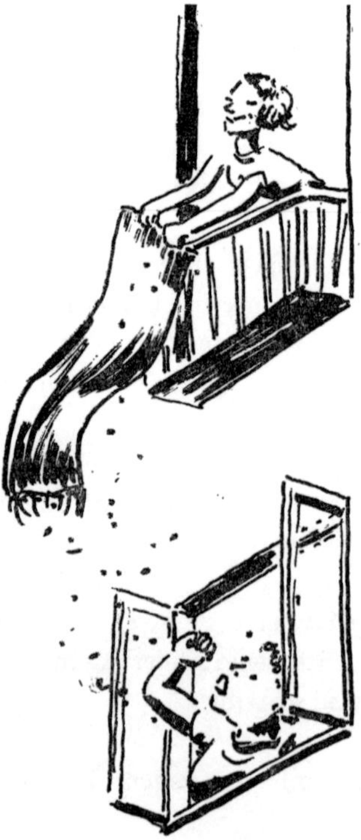

KLEIN-ERNA-LUCK

„Kommst mit, Litschi, Stoff kaufen?"
„Ja, Klein Erna, wozu?"
„Will mir was nähen!"
„Kannst das denn?"
„Klar, mit'n Schnittmuster, und wenn du mir hilfst abstecken? Soll'n Rock werden! Weiß aber noch nich wie! Komm, kucken wir uns mal Modehefte bei Kaastadt an!"
Die beiden gehen nach Mönckebergstraße, erstmal in die Stoffabteilung. Kucken sich alles an und befummeln die Qualität.
„Wie finst' den?"
„Nix – zu tutich!"
"Und den?"
„Zu tantich!"
„Kuck hier, den lilanen mit'n büschen Orange in, der is doch fix poppich!"
„Oh ja, den nehm' ich!"
„Und er is preiswert! Kannst selbst seh'n!"
Klein Erna kauft den Stoff und sagt: „Und jetzt'n Schnittmuster, wolln ma sehn, ob da was bei is, was ich mag!"
Sie blättern und blättern und finden nix Dolles! Ist alles öde – ehrlich – ist alles schon dagewesen! Midi, Maxi, Hott Penz – hab ich alles, denkt Klein Erna. Soll doch mal was Originelles sein! Oben ohne is vorbei, unten ohne geht nich, aber . . .
„Oh", sagt Klein Erna mittenmal, „ich weiß jetzt was – hi, hi! Nehm ich doch einfach den Schnitt und änder ihn ein büschen ab!"
Gesagt – getan! Zuhause schneidet Klein Erna in den

Stoff, Litschi steckt ab, und Klein Erna rattert ihn fix auf der Nähmaschine runter! Wie er fertig ist, sagt Litschi:
„Mensch, Klasse, Klein Erna – direkt süß! Du, ich weiß was, ich mach' ein Foto von dir, und dann schicken wir das in die Zeitung, sollst mal sehn, Klein Erna, das wird direkt'n ‚Klein-Erna-Luck'!"
Klein Erna macht schnell „Meek-öp", Litschi holt fix ihren Fotoapparat. Klein Erna setzt sich noch schnell die Eulenbrille auf und stellt sich in Positur!
Und Litschi macht – „Klick"!

Tja, Ideen muß man haben!

IN KONZERT

Mamma is mal wieder bei die Madam, wo sie früher Mamsell bei war, zu'n Aushelfen! Das Wort „Reinmachefrau" oder „Putze" wird nich in'n Mund genommen! Nichmal „Raumpflegerin"! Sie – die Madam – sagt bloß: „Können Sie mir wohl wieder mal aushelfen, Frau Pumeier?" – Soo taktvoll is sie!

Mamma tut das ja auch zu und zu gern! So stundenlang mit'n Staubsauger rumfuhrwerken (jede Viertelstunde bringt wieder ne Mark mehr ein) und denn son „Zack" inne Kissen machen! Und mit'n Staubwedel so über die vornehmen Mahgonimöbeln fächeln! Macht Spaß! Ehrlich! Wie sie neulich so bei'n Fächeln is, kommt die

„Gnädige" und fragt: „Ach Frau Pumeier, hätten Sie wohl mal Lust, in ein Konzert zu gehen? Vielleicht mit Ihrer Tochter Erna? Ich habe zwei Karten und bin leider verhindert!"

„Aber gern, war ich noch nie in! Vieln Dank auch – wann denn?"

„Dienstag, hätten Sie da Zeit?"

„Klar, wird sich Klein Erna auf freuen!"

Wie Mamma nun das nächste Mal zun Aushelfen da is, fragt die Dame: „Na, Frau Pumeier, wie gefiel Ihnen denn das Konzert?"

„Oh, das war ne Wucht! Ehrlich! Nur das moderne Stück – also nee –, das war furchtbar! Das konnt ich nich verknusen!"

„Was gab es denn für ein Programm?"

„Also erst – Augenblick mal – hab ich mir doch extra gemerkt – ach so, ja – von Schuh–mann oder -bärt! Das weiß ich nich mehr so genau! Aber das war schön! Da rauschten immer so die Bäume in! Und die Bäche murmelten so! Konnt man direck bei träumen!"

„Und dann?"

„Ja, dann gab's was von Mozart! Das war direck niedelich, wissen Sie! Immer so: Dideldi-dum, dideldi-dum! Konnt man so inwendig nach tanzen!"

„Und was gab's noch?"

„Pause, das war das beste! Da gehn die Leute immer so in Kreis spaziern! Kann man all die vornehm'n Toiletten bewundern! Und all die Nerzkeeps! Wo das doch soo waam war! Einige trinkn auch Sekt! Wir haben uns Prallinen gekauft – kriegt man ja direck Hunger von Zuhörn! Klein Erna hatte auch noch nie sonne starke Bänd gehört!"

„Was gab es denn Modernes?"

„Also, wissen Sie – den, der sich das ausgedacht hat, den hab ich mir extra nich gemerkt! So ein Höllenlärm und Quatsch durchnander! So, als wenn alle gleichzeitig losgelassen werden und fiedeln und tuten könn', was sie Lust haben! Also nee, konnt ich mich nich für erwärmn! Und denn klatschen die Leute wie verrückt! Als wenn sie das schön findn!"

„Und wie waren die Plätze?"

„Prima – direck unter der Heizung!"

Also nee, wissen Sie, was da heutzutage „Kunst" heißt, da ist ja das Ende von weg! War doch neulich im Fernseher son „Künstler", son Langhaarheini mit Nickelbrille, der zeigte seine „Werke"! Also nee, wissen Sie, was der gemacht hat?

Einfach'n ollen Anzug in Gips gestippt und an die Wand genagelt! Und'n Kloo, wo'ne nackte Frau aus Gips draufsitzt! Also nee – „Objekte" nennt er das! Schweinkram is das! Wichtigtuerei! Und denn gibt das Leute, die da Geld für ausgeben! Also nee, wissen Sie – die haben ja wohl'n Dachschaden!

Aus purer Neugier geht Klein Erna am nächsten Tag in die Ausstellung – mit ihrer Freundin. Sie kommen aus'm Lachen nicht raus! Is aber auch wahr!

Liegt da doch weiß Gott ein Spazierstock auf'm Fußboden von der Kunsthalle, der mit'n Pfund Margarine da festgeklebt ist! Und dann 'ne „Ecke"! Aus alten Holzbalken! Und in der Ecke wieder'n Pfund Margarine!

„Der hat ja wohl Margarine im Kopp statt Gehirn", sagt Klein Erna. „Wenn das soo leicht zu is, Kunst zu machen, kann ich das auch!" Sie geht nachhause und macht „Objekte"! Was sie grad im Mülleimer findet, klebt sie zusammen! Alte Ölsardinendosen, Korken, Stück Klorolle und'n Zipfel vertrocknete Wurst! 'n alten Besen steckt sie auf'n Perückenkopf, bohrt da Augenlöcher rein, wo sie'n paar matschige Tomaten reinstopft.

Na, was soll ich sagen, Klein Erna findet da direkt Gefallen an!

Wie sie'n Haufen „Objekte" zusammen hat, geht sie damit nach der Kunstschule. Will sich anmelden und

Künstlerin werden. Da fragt der Professor: „Haben Sie Arbeiten mitgebracht?"
„Ja, ganzen Haufen, hier in Tüte, kucken Sie – ‚Objekte'! Alle selbst gemacht!"
Der Professor hüstelt verlegen und sagt: „Haben Sie nicht nach der Natur gezeichnet?"
„Nee, wozu das? Is doch alles Natua, was ich hier hab!"
„Nun, Sie müßten doch zunächst mit Zeichnen ganz von unten anfangen!"
„Von unten? Gitt, nee!"
„Ich meine von Grund auf!"
„Nee, wenn ich das erst lernen soll, denn hab ich da kein Lust zu!"

NASCHEN

Also nee, wissen Sie, Frau Hartnack, was mein Mann is, der is beiklein' garnich mehr zu befriedigen!
Ach was, Frau Pumeier, hätt' ich ganich gedacht! Er sieht doch so tutich aus!
Iwo, Frau Hartnack, nich so, wie Sie denken! Bein'n Essen!
Ach soo – kricht er nich satt?
Und ob? Jeden Tag was anderes! Nicht Reste oder sowas Aufgewärmtes! Nee, wird ja immer anspruchsvoller und verwöhnter! Wenn ich so an früher denk! Da gab das nur einmal inne Woche Fleisch – und'n Sonntagsbraten! Und jetzt? Inne letzte Zeit, wo er durch die Gewerkschaft immer mehr verdient, nu will er alle Augenblick was anderes!
Was Sie nich sagen!
Morgens kriegt er seine Brote mit auf Arbeit – so an die sechs Stück! Gut belegt! Und sein' Thermosbuddel mit Kaffee, erste Sorte! Und denn abends'n Bauch vollschlagen und damit ins Bett! Is ganich gesund! Ich weiß schon bald nich mehr, was ich ihn vorsetzen soll! Mal Roßbief mit Bratketoffel! Mal Schmorbraten mit Nudeln! Mal Frickandelln mit Tomatn und Ketoffel! Mit'n Pfannkuchen kann ich schon bald nich mehr komm! Mocht' er früher doch so gärne! Konnt' er so Stücker zehn von verdrückn! Und „Himmel und Erde" darf ich ganich mehr aufn Tisch bringen! Und Blutwoarst und alles, was billig ist – hält er nix mehr von!
Da gehn Sie ja bei bankrott!
Ach, wissen Sie, Frau Hartnack, sonst leisten wir uns ja auch nix! Mein'n Sie, ich bin schon einmal verreist gewesen? Oder in richtigen Theater? Nee, nix wie Glotz-

kiste! Und wenn er denn nach'n Glotzen wenigstens friedlich im Bett ginge! Wissen Sie, was der tut? Mitten inne Nacht – denn geht er noch bei'n Eisschrank! Naschen! In alle Pötte kuckt er rein! Und wissen Sie, was der neulich gemacht hat?

Nee!

Hatten wir doch abends noch'n schön'n Rest! War noch ne ganze Kabonade über – mit Spinat! Freu ich mich schon auf'n nächsten Mittag – brauch ich mir nix zu kochen – denk ich! Kuck ich in'n Topf! Nur noch den Knochen hat er nachgelassen! Abgenaagt! Nee, direck gemein is das!

MODE

Klein Erna ischa nun beiklein' gar keine Klein Erna mehr, ich mein' von der Größe oder von'n Alter! Auch, wenn sie son langbeinigen „Tienetscher" is, genannt wird sie doch immer nur „Klein Erna"! Und benehmen tut sie sich auch noch nich wie ne Dame – auch nich, wenn sie sich so anzieht! Denn – modebewußt is sie ja man einmal! Ihre Freundin wundert sich immer und fragt: „Sag mal, Klein Erna, wo hast du eigentlich immer all das Geld her, wenn du dir alle Augenblick was Neues kaufen kannst?"

„Weißt du doch, Litschi, als Käddi! Außerdem mach' ich doch das meiste selbst! Denn is das nich teuer!"

„Ja, Klein Erna, du bist eben fingerfärtich! So – mir nix, dir nix – bist du wieder neu in Schale! Aber eins kann ich nich verstehn! Warum machst du alles andersrum als die andern in unsere Klasse? Die komm'n doch meist in Jiens oder Hott Penz, und du kommst in lang?"

„Ja, weißt du Litschi, morgens trag ich Maxi! Eigentlich nur, um die Lehrer zu ärgern! Was meinst du, wie der ‚Ölkopp' an mir runterkuckt, wenn ich mit son schlakkerigen Rock bis auf'n Fußboden ankomm! Denn tu ich so, als wenn ich das ganich injoria – denn ärgert er sich!"

„Ja, und was ziehst du später – so an Nachmittag an?"

„An'n Nachmittag, wenn ich so auf'n Jungfernstieg promenian tu, denn hab ich Midi an! So mit ‚Meek-öp' und Schnürstiefel! Macht Spaß! Ehrlich!"

„Und noch später?"

„Abends, wenn ich mit Heini nach Sank Pauli geh, hab ich Hott Penz an und ne Perücke auf!"

„Mensch, Klein Erna, ich find dich Klasse – ehrlich! Erst lang, dann Midi, dann kurz! Und was machst du noch später?"

„Denn hab ich ganix mehr an – nua alles aus!"

AUSHELFM

Wie Pappa mal auf der Suche nach seine Brille is, da grabbelt er auch unter Mamma ihr'n Kopfkissen rum. Und was find't er da? Ein' ollen Strickstrumpf mit Klötergeld in! Kommt er damit inne Küche rein und fragt: Was is das denn, Mamma?

Siehst du doch! Geld! Mein Gespaartes!

Und wie kommst du dabei?

Weißt du doch, Pappa, verdien' ich mir doch mein Eigenes, wenn du auf Arbeit bist, und bei die Dame aushelfen tu, wo ich doch früher Mamsell bei war!

Da gehst du immer noch hin? Wo ich doch jetzt weiß Gott genug Geld verdienen tu – is mir gaanich recht!

Ach Pappa, da fällt mir kein Zackn aus die Krone – da hab man keine Bange! Weißt du, mit mein' Kram hier zuhause bin ich ja man immer fix fertig, und wenn ich nix mehr zu wischen hab, weißt du, denn kribbelt mir das immer direck inne Fingern! Ich muß immer wischen! Und wenn die Madam mich denn zun Aushelfen haben will, warum nich? Hab ich mir jetzt schon zweimal über die Betten mit verdient!

Hast doch genug über die Betten!

Kann man ganich genug von haben! Is doch der Stolz der Hausfrau! Und ich hab was Eigenes, muß ich dich nich immer fragen, wenn ich'n Paar Strümpfe oder sowas brauchen tu! Außerdem macht das Spaß, mal andere Tapete – mal was erleben!

Was kannst du dabei schon erleben – bein Wischen!

Ach du Dösbaddel, wisch doch nich nua! War doch neulich ne Paati!

Was is das denn?

Das is, wenn ganz viele Leute ganz eng beieinanderstehn und alle gleichzeitig reden – und in jede Hand was zu trinken und zu essen haben! Guten Tag sagen geht nich! Ich helf da immer aus, bei sone Paati! Mach die Tür auf, wenn das geklingelt hat, führ die Damen inne Schlafstube und nehm ihre Pelze ab und leg sie aufs Bett!

Haben die denn keine Gaderobe?

Doch – langt aber nich aus bei soo viele Leute! Und die Toletten solls mal sehn! Wie bei uns die Wohnstube – soo vornehm!

Und ich denk schon – sagt Pappa – du meinst, wir pinkeln inne Wohnstube!

MONDFAAT

Hast da wohl mal über nachgedacht, Klein Erna, in was für ne Zeit wir leben?
Wozu? Is doch Klasse!
Denk mal an die Entwicklung! Was wir alles Neues erleben!
Wieso? Meinst die Pille?
Nee, ich mein' ... Denk mal so an Oma – wie die jung war, da flog doch zun erstenmal einer in die Luft rum! Hat sie neulich noch selbs erzählt!
Das hatscha nu wirklich schon soon Bart – das Fliegen! Kuck schon ganich mehr hin, wenn da sone Karamelle oder son Schumbo angeflogen kommt!
Na, und an all die andern Erfindungen – denkst da gaanich an? Drücks auf'n Knopf – geht Licht an! Drücks auf'n annern Knopf – kannst kochen, brauchst kein Kleinholz mehr! Drücks auf'n Knopf, hörst ein in Radio aus Berlin sabbeln – oder aus Neujork! Is doch Klasse, was?
Hm.
Und wenn ich so weiter über nachdenk', was das alles Neues gibt! Allein neulich die Mondfaat! Das war doch'n dicker Hund, was?
Und an all die Milliaden, die das gekost' hat, denkst du nich an, Heini? Was hätt man da alles füa haben könn'!
Soo'n Quatsch! Was soll man auf'n Mond? Is kein Luff und kein Sauerkohl und kein gaanix!
Meinst wohl – Sauerstoff – Klein Erna, bist auch ganich'n büschen gebildet!
Nee, wozu auch, ich will ja auch nich nach'n Mond hin! Wenn ich da noch so an denk, wie das Ding los-

ging – mit all den Feuer da unter! Mensch Heini, da hab ich direck die Greesen gekricht!
Aber Klein Erna, möchts nich auch mal schweben? So ganz schwerelos? So alle viere von sich strecken in luftleeren Raum?
Is doch Luff in der Kabine – denk ich!
Ich mein' doch draußen vor Tür, in Weltraum – so an'n Bindfaden! Muß doch schick sein! Ehrlich, hätt' ich schon mal Lust zu!
Ja Heini, glaub ich schon! Aber, ich weiß nich, Heini, ob da Verlaß auf is, auf son Bindfaden! Und denn denk mal, wie teuer das kommt, wenn das alles zusammrechnest – für einmal schweben!

GAMMELN

Heini geht mit Klein Erna über Mönckebergstraße. Bei son Brunnen mit nackige Figuren, da lümmeln sich immer'n Haufen Gammler rum. Sie setzen sich da mittenmang! Da sagt einer: „Hast'n Stengel für mich?"
Heini langt ne Zigarette hin und fragt: „Wo kommst denn her, Kumpel?"
„Berlien – per Laster – gratis – Anhalter!"
Der fleezt sich wieder hin, raucht und döőst! Heini und Klein Erna kucken sich das alles genau an! Einer malt bunte Bilder auf'n Pflaster! Ein anderer dreht Ketten aus Silberdraht! Die meisten tun gaanix, dösen, knutschen, geben an mit nix weiter, als mit ihrn dreckigen Aussehn und mit ihre langen Haare! Mittenmal sagt Heini: „Wolln wir nicht auch mal gammeln? Nach Berlin hin? Den Duff der großen weiten Welt?"
„Meinst du? Und was soll ich da? Gammeln kann ich doch auch hier!"
„Nee, Klein Erna, muß mal weg von Mammas Rockschoß und Kochtopf!"
„Is auch wahr, Heini, hast recht! Meinst, daß Mamma das erlaubt?"
„Erlauben? Ganich erst fragen – einfach abhaun!"
So ganz wohl is Klein Erna dabei nich, aber am nächsten Morgen sagt sie einfach „Tschüüß", und weg is sie! An der Straße nach Bergedorf stehn sie und halten den Daumen hoch. Kein Aas hält an! Sie sehen aber auch fix gammelich aus!
Nach zwei Stunden schimpft Heini: „Diese Schweine in ihre dicken Autos! Diese kapitalen Schweine! Da kann ein'n ja die Lust am Gammeln vergehn!"

In den Momang hält'n Transporter. Die beiden nix wie rein – neben den Fahrer.
„Wo solls denn hinjehn", fragt der.
„Na, so Richtung Berlin haben wir gedacht – is doch dufte – Berlin, was?"
„Klar Leute, noch nie dajewesen?"
„Nee, nur so im ‚Seher' was von der Mauer gesehn! Schöne Scheiße das!"
Mittenmal sind sie an der Grenze.
„Personalausweise bitte!"
„Hab ich gaanich an gedacht!" sagt sie.
Heini is auf achtzig: „Du blöde Niete du!"
Da kriegt Klein Erna das große Heulen: „Denn will ich eben nich gammeln – will zuhause – zu Mamma hin! Is mir doch scheißegal, wie Berlin aussieht – Ätsch!"

COMPUTER

Was Klein Erna ihre Freundin Litschi is, die ischa nu Tippse!

Hat sie inne Zeitung gelesen, daß Schreibkräfte knapp sind. Wie sie das nu „färtich" gelernt hat – das Tippen –, für Steno hat das scha nich gelangt bei ihr, diese Kringelei konnt und konnt sie nich behalten, da bewirbt sie sich denn um ne Stellung!

Ein Tag, nachdem sie sich bei ne Firma vorgestellt hatte, trifft sie Klein Erna:

„Du, ich bin jetz ‚Schreibkraft' – bin angestellt!"

„Ach was, wo denn?"

„Inne ganz große Exportfirma – prima Scheff!"

„Meinst, daß das schon kannst, wo du doch inne Schule so schlecht warst – besonders in Rechnen!?"

„Rechnen brauch ich nich, hab ich extra gefragt, ob ich auch rechnen muß!"

„Na und? Brauchs nich?"

„Macht alles ne Rechenmaschine und'n Kommputer – hat der Scheff gesagt!"

„Ach was – – und ich denk immer, das is'n Lockruf: „Komm – Puter!"

URLAUB

„Na, Klein Erna, du strahlst ja so! Hast du das große Los gewonnen?" fragt Litschi, als sie Klein Erna auf Straße trifft.

„Nee, Litschi, das nich graade – aber kuck mal, was ich in der Handtasche hab!"

Klein Erna holt son Heft mit bunten Blättern aus der Tasche und sagt: „Kuck mal, ich hab gebucht!"

„Was is das denn – buchen?"

„Tja, wenn du mit der Straßenbahn oder mit'n Zug fährst, kaufst du dir ne Fahrkarte! Aber wenn du fliegen willst, dann ‚buchst' du!"

„Du willst fliegen? Mensch, Klein Erna, da schlag einer lang hin! Wohin denn?"

„Nach Mallorka! Komm ich grad vom Reisebüro! Kann dir sagen, das is billig! Vierzehn Tage wohnen, Frühstück und Hin- und Herfliegen mit'n Jett kost' man bloß zweihundertachtundneunzig Mark! Is doch direkt geschenkt! Was soll ich denn in der Lüneburger Heide, is viel teurer und meist schlechtes Wetter!"

„Und wo hast du das Geld her?"

„Heimlich gespart und gestapelt! Da arbeite ich schon zwei Jahre an – aber nu hab ich es geschafft!"

„Wie denn?"

„Erstmal als Käddi, weißt du doch! Und denn hab ich Baby gesittet, bei die Herrschaften in Blankenese, wo Mamma manchmal aushilft! Krieg' ich zehn Mark für'n Nachmittag!"

„Mensch, Klasse, Klein Erna! Hast du keine Angst vor'n Fliegen? Is doch das erste Mal, nich? Und denn ganz alleine?"

„Also, ob ich Angst hab, weiß ich noch nich, warum

soll da grad was passiern, wenn ich da in bin! Und allein? Tja, Litschi, will mal was erleben, muß mal'n büschen abkommn von Heini – muß ich auch mal was abbekommen von der Luft der großen weiten Welt!"

„Na, denn guten Flug, Klein Erna, und lach' dir'n schicken Kerl an – und schreib mal!

Nach 'ner Woche bekommt Litschi einen Brief:

Liebe Litschi!

Schöne Grüße aus den sonnigen Süden! Mallorka gefällt mir super! Fliegen is Klasse! Und hier komm ich groß an! Langbeinig und blond kommt ja immer an! Is immer waarm hier, leb ich nur in Bikini! Solls ma sehn, was die für Augen machen, wenn ich so an Strand promenian tu! Hab auch schon ne gute Tüpe gefunden! Son Eingebohrner mit schwarze Haare.

Neulich war er mit mir in ganz fohrnehmn Hotel, da haben wir ganz große Krabben gegessen und Wein getrunken! – Schääk!

Weißt du was, Litschi? Jetz gehör ich auch zun „Jett – Sett!"

POLITIK

Was Mamma am meisten fuxen kann, das ist, daß Pappa so tut, als wenn er was von der Politik versteh'n würde!
Jeden Abend sitzt er vor der Glotzkiste und hört Nachrichten und denn den „Kommentar"! Wie sie ihn neulich fragt: „Weißt du überhaupt, was das is – ‚Kommentar'?" – wissen Sie, was er da sagt?
Gaanix sagt er! Hat also keine Ahnung! Überhaupt – diese Wörter immer! Soll nu einer versteh'n!
„Baazel ‚Kan-di-dat'!" Was is das nu wieder!
Und 'ne „Frack–zion!"
Ob die alle'n Frack anhaben?
Und „no-mi-nian!"
Möcht auch mal nominiat werden!
Und die Russen haben da wieder'n „Weh-to" eingelegt!
Muß ich direkt mal Frau Hartnack fragen, ob die auch'n Weh-to eingelegt hat!
„Nee", denkt Mamma, „da können die reden, was sie wollen, ich wähl' doch den Kiesinger wieder – – der sieht soo hübsch und vornehm aus!"

„Du, Klein Erna", sagt Gerda, „wills nich auch mal'n ‚Trip' machen? Büschen haschen?
Hassu Hasch inne Taschen,
Hassu immer was zun Naschen!
Kennst das nich?"
„Nee", sagt Klein Erna, „wie geht das?"
„Is dufte, ehrlich! Weißt du, man muß nur aufpassen, daß man da nich abhängig von wird! Mach' doch mal mit, sonst bist du ne Flasche!"
„Tun die andern aus der Klasse das auch?"
„Einige! Ich sag aber nich, wer! Is ja heimlich!"
„Und wie und wo macht ihr das?"
„In Keller bei Schorschi hat er'n richtigen ‚Bietschuppen' mit Lautsprecher und Matrazen eingerichtet!"
„Und woher kriegt ihr das Zeuch?"
„Immer, wenn Schorschi'n Bock drauf hat, denn geht er nach'n Hauptbahnhof, da trifft er'n Dieler (Dealer = Verteiler = Händler), da kauft er das!"
„Und ißt man das?"
„Gibt auch was zum Schlucken, aber wir rauchen! Son Kräuterkrümelkram wird in Zigarettentabak gemischt und inne Pfeife getan! Die geht rum und jeder saugt da an und inhaliert das Zeug!"
„Gitt, wird ein'n da nich übel bei?"
„Nö – ich kann das ab!"
„Und was hast du davon?"
„Na, erstmal bist du ‚in', kannst mitreden! Und denn wirst du da ganz leicht von, so wie beschwipst! Und denn findst du mittenmal alles schön und vergißt den ganzen Dreck! Und je mehr du rauchst, desto mehr kriegst du ‚Hallinazionen', so Träume – und bunte Far-

ben! Und so schön dösig wird man davon! Macht Spaß, ehrlich – is dufte son ‚Joint'!"

„Und geht man da auch nich tot von?"

„Von Rauchen nich, mußt nur nich anfangen zu spritzen, ‚schießen' nenn' die das! Heroin und so aufgelöste Tabletten! Immer so rin in die Ader mit ner Spritze – machen die selbs! Find ich auch gräßlich! Und denn müssen die immer mehr davon haben – werden sie echt süchtig! Bis sie ausgeflippt sind!"

„Was is das denn?"

„Dann sind sie soo weg, daß sie zu nix mehr zu gebrauchen sind – und meist überhaupt nich mehr zu retten!"

„Gitt nee, hab ich Angst vor!"

„Du Flasche, sollst doch nur mal'n ‚Trip' mitmachen! Paß ich schon für auf, daß du nich zuviel abkriegst!"

Na, beim nächsten „Treff" kommt Klein Erna mit! Ischa'n büschen bangbüxig, aber will scha auch „in"

sein! Eine andere aus der Klasse macht auch zum erstenmal mit! Sie setzen sich nebeneinander auf die Matratze. Is ziemlich dunkel – nur Kerze! Und laut!! Das dröhnt nur so inne Ohrn – die Bietmusik! Und denn geht die Pfeife rum! Und jeder saugt! Nach ne Zeit fragt Klein Erna ihre Freundin: „Na, merkst was?"
„Nee", sagt die und kiechert – kann gaanich wieder aufhörn! Find't sie alles komisch – ehrlich, wie sie da so liegen und auf'n Wunder waaten!
Wie Klein Erna schon'n paarmal kräftig gesogen hat, kriegt sie auch das Kiechern! Aber wie!! Und – mittenmal wird ihr schlecht! Dreht sich alles! Sie kommt grad noch vor die Tür – da fällt ihr das Essen aus'n Gesicht! „Gitt, nee – son Schweinkram! Da laß ich doch lieber die Finger von!"

„Hab ich ne Erfindung gemacht", sagt Klein Erna auf'n Schulweg zu ihre Freundin.

„Wie denn? Kannst du damit Geld machen?"

„Nee, glaub nich, weil das, was dazugehört, jeder selbs zu Hause hat! Aber gewußt, wie –! Das is es!"

„Was denn? Nu sag schon!"

„Also, paß auf! Grauelst du dich auch so vor Spinnen?"

„Igittigittigitt! Krieg ich die Greesen und schrei laut, wenn eine in mein Zimmer is!"

„Ich weiß'n Mittel, sie zu beseitigen – ganz ohne Fleck! Tottreten mag ich auch nicht!"

„Wie machst das denn?"

„Also, paß auf! Erst – wenn die Spinne irgendwo rumläuft – zum Beispiel an der Decke von Zimmer, dann waatest du, bis sie'n Augenblick Pause macht!"

„Und denn?"

„Und denn – – ach so. Vorher mußt du dir noch'n paar Sachen holen: ein Paar Herrensocken, zusammengerollt –."

„Wozu das?"

„Waats ab! Und denn ein Glas, so ein einfaches Wasserglas!"

„Wird scha spannend!"

„Und denn – ne Postkarte!"

„Nu mach' aber'n Punkt, soll die Spinne vielleicht die Herrensocken anziehen?"

„Nee, also – wenn die Spinne da oben Pause macht, wirfst du danach – mit den Herrensocken! Denn wird sie bange und läßt sich an'n Faden abwärts! Und denn kommst du bei mit'n Wasserglas und hältst das einfach hin! Wenn sie drinne is, schiebst du die Postkarte einfach darüber! Und denn – – nix wie weg, ins Kloo – und aufziehn! Färtich hab ich!"

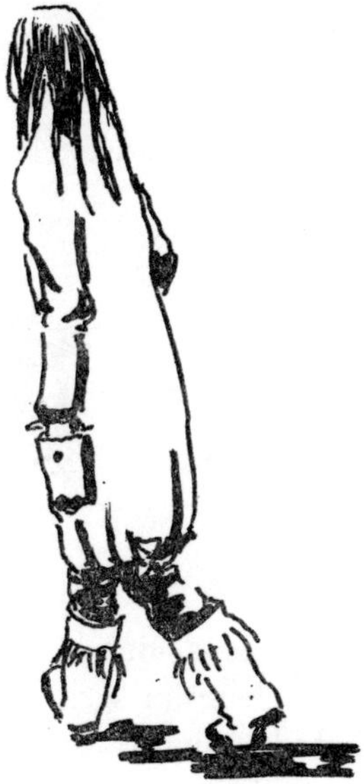

HAARE

„Litschi, weißt du, was mir passiert is – gestern auf Straße?" fragt Klein Erna.
„Nee, schieß los!"
„Geht da jemand vor mir in son Snokoot! Ich denk, is Gerda, aus unsere Klasse! Genau die Strähnenhaare und sone Fransenstiefel! Hol ich sie ein und knall ihr eins hinten vor! – Dreht sie sich um – und hat'n Baat! War sie ganich, war'n Kerl!"
„Mensch, Klein Erna, hat er wiedergehaun?"
„Nee, war ganz friedlich! Hat scha auch selbs schuld, wenn er sone Haare bis auf die Schultern trägt!"

„Magst du Männer mit lange Haare nich?"
„Kommt ganz auf an, Litschi! Kuck mal den da! Der Zottelfritze! Nee du, mit dem hab ich nix im Sinn, soo ungepflegt! Hätt' ich direkt Angst vor! Und der Bart! Stinkt sicher!"

„Also mir is neulich'n Ding passiert", sagt Litschi, „inne Straßenbahn setzt sich jemand neben mir hin! Soo hübsch, kann ich dir sagen! Super! Schöne Haare, leicht gewellt, ein Täng wie'n Pfirsich und Wimpern wie'n Star! Ehrlich! Ich denk, is'n Mädchen! Kordhose, Hängejacke! Busen war nich zu sehn! Ich denk: Frag mal, wieviel die Uhr is! Da sagt ne tiefe Männerstimme: ‚Fümf!' Hab ich'n Schreck gekriegt!"
„Tscha, Litschi, ischa nix Neues – passiert einen ja alle naslang! Weißt du, eigentlich hab ich nix gegen lange Haare, wenn einer so aussieht, wie der da!

Aber sone Nieten, sone stieseligen Nulpen, die glauben, daß sie mehr herzeigen, mit Bart und Zotteln – oder Strähnenhaare. – – Nee, die kann ich nich ab! Da will ich nix mit zu kriegen haben – ehrlich!"

„Is eben so, Klein Erna, wenn einer ne miese Tüpe is, denn nützen ihn auch die langen Haare nix!"

DER KLEINE FLECK

Ab und an kriegt Pappa so sein'n pingeligen . . ., so sonntags, bei schlecht Wetter, wenn er überhaupt nix mit sich anzufangen weiß – – denn geht er mit so gediegenen Augen durch die Wohnung! Und denn entdeckt er immer irgendwas, was er heilmachen kann! Neulich sieht er doch mittenmal'n kleinen Fleck am Eisschrank. Wenn Sie nu denken, er geht da stillschweigend bei und malt das über! Nee, wissen Sie! Wissen Sie, was der macht? Erstmal ruft er: „Mamma!"
Die kommt und sagt: „Was is?"
„Kuck dir das da an!"
„Is büschen Faabe abgestoßen – is doch nix bei!"
„Bei dir vielleicht nich – ich kann das nich ab! Hast du nich'n büschen weiße Faabe und'n Pinsel?"

Mamma denkt: Wenn ich das alles erst holen soll, kann ich das auch selbs machen! Sagt: „Augenblick mal!"
Sie bringt ne Dose und'n harten Pinsel und sagt: „Da!"
Deckel is festgeklebt! Pappa sagt: „Hol mal'n Schraubenzieher, Deckel is fest!"
Mamma holt'n Schraubenzieher und sagt: „Da!"
Wie Deckel auf is, is Faabe da in vertrocknet! Da kommt Klein Erna da über zu und sagt: „Waat mal, ich hab ne Spreedose – hab ich neulich meine Kommode mit ausgebessert – geht prima, brauchs kein Pinsel zu!"
Sie bringt die Spreedose mit weiße Faabe. Pappa sagt: „Erstmal lesen – Gebrauchsanweisung!"
Er hält die Dose in weitem Abstand – Schrift is zu klein! Sagt: „Mamma, hol mal meine Brille!"
Mamma holt sie und sagt: „Da!"
Er liest laut vor: „In 40 cm vom Objekt wird der Druckknopf bedient . . . usw. Nach Gebrauch wird noch einige Zeit überkopf gesprayt, bis nur noch Luft kommt!"
„Aha", sagt er, „na denn man los!"
Er nimmt 40 cm Abstand vom Fleck und drückt. Nichts! Er schüttelt und drückt doller. Nichts!
„Mistkram! Is natürlich verstopft, weil du das Dings nich überkopf gehalten hast, Klein Erna – du Dussel!"
Klein Erna geht beleidigt ab.
Pappa schraubt die Düse ab. Pustet. Nichts! Kuckt durch – nix zu sehn! Zu!
„Hol mal ne Nadel, Mamma!"
Mamma holt ne Nadel und sagt: „Da!"
Pappa popelt. Nützt nix. Sagt: „Das geht da um die Ecke – da inwendig! Muß aufgelöst werden! Mamma hast du Benzin oder Sprit oder sowas?"
Mamma bringt Benzin und ne Tasse und sagt: „Da!"
Die Düse wird in Benzin gebadet. Nix löst sich! Dann

in Sprit. Nix! Dann in Nagellackentferner!!! Mittenmal sieht das aus wie Milchsuppe! Faabe löst sich! „Aha", sagt Pappa, nimmt das Ding und pustet dadurch! „Au", schreit er, „das Zeugs brennt scha und klebt an Mund fest!" Er kriegt nur mit Mühe die verklebten Lippen auseinander und sagt: „So, nu kriegt das Kind Luft!"
Setzt die Düse wieder auf und drückt! Ein dicker Brei quält sich zischend aus dem Loch! Von „Sprühen" keine Rede!
Pappa hält das Zeugs an den Fleck und will es mit dem Finger einwischen. Nimmt nix an – der Eisschrank! – Krümelt ab! Dafür klebt der ganze Schweinkram jetzt an Pappas Fingern!
Der schmeißt das Ding inne Ecke und sagt: „Denn nich!"
Der Fleck is heute noch an Eisschrank!

BEI'N AAZT!

Inne letzte Zeit ischa irgendwas los mit Klein Erna! Sie is garnich'n büschen bei der Sache! Mag nich essen, sitzt immer in ner Ecke und bläst Trübsal. Da sagt Heini: „Geh zun Aazt, mein Deern, vielleicht bekommt dir die Pille nich!"

Klein Erna geht also nach'n Aazt hin. Erstmal stundenlanges Waaten! Ganz schön öde sowas – ehrlich! Und son langweiligen Kram zun Lesen: Wild und Hund! Wer will das schon wissen! Und kaum Bilder in!

Na endlich is es soweit. Klein Erna is schon ganz plümerant von den Geruch da! So nach Nagellack! Der Arzt kommt denn auch gleich zur Sache und fragt:

„Nun, was führt Sie zu mir?"

„Ach, Herr Dockta, ich bin nich so recht zuwege!"

„Wie drückt sich das denn aus, haben Sie Schmerzen?"

„I wo – das nich grade!"

„Haben Sie vielleicht manchmal eine starke Sucht – so ein Gelüste auf irgend etwas?"

„Ja, hab ich! Manchma träum ich ganz deutlich von ner ganz großen Gewöazgurke – – denn muß ich am nächsten Tag mir sofort eine kaufen! Meist eß ich sie gleich auf Straße!"

„So so! Sehr interessant! Haben Sie sonst irgendwelche Beschwerden? Kopfschmerzen?"

„Ja, Herr Dockta, das is das! Da is manchma son Summen in – wissen Sie, da hab ich direck Hallinazionen!"

„Schwindel?"

„Nee, nee Herr Dockta, ehrlich, ich lüg nich, denn seh ich so mittenma alles verschleiert, so wie Spinnweben!"

„Haben Sie das öfter?"

„Ach, so ab und an! Wissen Sie, das is son ganz ideliges Gefühl!"
„Vielleicht haben Sie zu wenig Schlaf, was tun Sie denn so am Abend, wann kommen Sie ins Bett?"
„Ach, Herr Dockta, ischa meist jeden Abend dasselbe! Earst essen wir – ich mein', mein Heini und ich – wissen Sie – nich zu knapp! Und dann sehn wir ja das Programm bis zu Ende, auch, wenn wir das manchma ganich verstehn tun – aber mein Heini is da ja nich von wegzukriegen ..."
„So so, und dann?"
„Tja, dann is das so gegen elf – dann räum ich noch die Gläser weg – und die Asche – und denn ziehn wir uns aus und waschen uns noch'n büschen und denn – wissen Sie – – – So – alles in allem – wird es denn zwölf bis wir zun Schlafen komm!"

KOMMUNE

Wie Heini und Klein Erna nun schon ne Zeitlang verheiratet sind, da merken sie erst, was das so kosten tut – son eigener Haushalt!

Da kommt Heini ein'n Tag zuhause und sagt:

„Weißt du, Klein Erna, ich hab ne Idee! Wir ziehn mit in ne Kommune!"

„Wie geht das?" fragt Klein Erna.

„Hab ich mir heute mal angekuckt! Die suchen da nämlich grad noch'n Paar! Das is ne große Wohnung, wo jedes Paar sein eigenes Zimmer hat! Eine Küche, eine Wohnstube für alle – mit Glotzkiste! Ein Bad! Ein Kloo! Jeder schmeißt für Miete und sowas hundert Mark in'n Pott! Und Saubermachen und sowas geht immer reihum! Und was tun wir jetzt? Jetzt zahln wir allein für Miete dreihundert Mark! Stell dir mal vor – dann haben wir allein für Ausgehn zweihundert Mark bei über!"

„Klingt ja soweit ganz schön – aber, wenn ich da so über nachdenk . . . nee, allein das: Wenn ich eilig auf Klo muß, und da sitzt da einer auf. Ganich auszudenken! Oder: Wenn ich kochen will, stinkt das da nach Bratfisch – kein Pott is sauber, und ich will rote Grütze kochen – vergeht mir jetzt schon der Appetit! Oder: Will ich meine Ruhe haben, machen die ‚Hei-leif' inne Wohnstube! Oder: Will ich erstes Programm haben inne Glotzkiste – wolln die andern womöglich zweites Programm haben! Nee – gibt ja doch ewig Zank und Streit!"

„Du muscha nich nur das Schlechte sehn, Klein Erna! Denk mal, wenn du krank bist, is immer einer da, der nach dir kuckt! Oder: 'n anderer holt für dich mit ein!

Oder: Man hat mal jemand zun Sprechen, kann um Rat fragen! Is doch auch was wert, findst nich?"
„Ach Heini, daß mal jemand für mich mit einholt, gefällt mir ja ganz gut, aber . . . wenn ich so an denk, wie du sagst, daß das alles so reihum geht! Womöglich mit Gruppensäx?! – – Ich mein', mir macht das ja weiter nix aus, aber du – wenn du nun die andern auch alle . . . nee, Heini, das kann ich nich ab!"

PORNO

„Wie findst' das, Klein Erna, diese nackigen Mädchen in den Illustrierten – die haben ja wohl überhaupt kein Schamgefühl mehr im Leibe", sagt Heini, „würd'st du doch nich tun, nicht?"

„Ich? Meinst du, daß ich mich nich sehn lassen kann?"

„Doch, das kannst du – aber nicht für jeden – is doch Schweinkram!"

„Wieso, is doch Natua – is doch nix bei! Außerdem kriegt man fix viel Geld dafür!"

„Ja, aber stell dir mal vor, wenn du dich da ausziehn sollst, vor den Fotografen und vor den Beleuchtern und vor all sone Kerle! Würd'st das tun?"

„Gott, weiß nich – für Geld? – Ja, warum nich? Geht ja vorbei – kuck ich einfach in die Luft und denk an was anderes – und denn kassier ich!"

„Na, du bist mir eine! Hast du auch da an gedacht, wenn du erst in die Illustrierten bist, daß denn alle Leute sehn können, was du getan hast und wie du nackich aussiehst? Denk mal an den Schlachter Hack, der dich immer so gierig ankuckt! Gönnst du dem das?"

„Mensch Heini, das is auch wahr! Hab ich ganich an gedacht! Nee, der Kerl soll mich nich sehn – und all die anderen Nachbarn und die Pingel und so – – nee, laß ich doch lieber!"

„Ist gut, Klein Erna, wär' ja auch Porno!"

„Wieso Porno, is doch Natua?! Was is denn da für'n Unterschied zwischen Porno und Natua und Schweinkram?! In Schule sind wir ja aufgeklärt, und der Lehrer hat gesagt, daß da nix bei is, wenn einer nackich is und wenn zwei Nackige mitnander verkehr'n!"

„Is auch nix bei, Klein Erna, ischa ganz natürlich, wenn zwei in ihrn Kämmerlein mitnander machen, was sie Lust haben! Aber – wenn jetzt einer beikommt und zukuckt, ist das Schweinerei – und wenn der das auch noch fotografiert und veröffentlicht – –
denn is das Porno!"

DIE NEUE MIETERIN!

Ein' Tag klingelt das bei Mamma anne Haustür. Is Frau Hartnack, die sagt: „Kann ich Sie wohl mal sprechen, Frau Pumeier? Is sehr wichtig!"

Dabei wedelt sie mit'n offenen Brief. „Türlich", sagt Mamma, „komm Sie rein inne gute Stube! Was is denn?"

„Ach, es handelt sich um die neue Mieterin hier in Hause – die Schubiak, wissen Sie –, die bringt noch unser Haus in Verruf!"

„Da haben Sie recht, Frau Hartnack, die Person die, was die fürn Lebenswandel führt und wie die sich benimmt! Nee, wenn die anner Reihe is, das Treppenhaus zu machen – tut sie einfach nich!"

„Wenn es nur das wär! Das mit die Männer ischa viel schlimmer! Nu fängt sie doch wahrhaftig mit mein' Mann an! Nu is aber Schluß! Nu hab ich an die Verwaltung geschrieben – sehn Sie, will ich Unterschriften sammeln, damit die hier rauskommt!"

Sie hält Mamma den Brief hin. Die liest:

Werte Firma!

Und mache ich Ihnen auf aufmerksam, was die neue Mieterin hier is, die Schubiak. Hat immer nur auf Zimmer gewohnt! Nun will sie frech werden. Ich hab noch nie kein schlechtes Wort gesagt von andere Leute in Haus, aber die hatn Lebenswandel! Ein Tag fängt sie mitn Fuhrmann von nebenan an! Hatte sich in Hand geschnitten, mußte in Krankenhaus. Keiner will es gewesen kein. Ein Tag war er in. Und morgens will sie schlafen, und abends liegt sie ins Café. Ich und mein Mann sind hier in unsere Straße angesehene Leute, aber die Schubiak kuckt keiner an! Ich mit meine Wahrheit komm gegen die ihre Lügen nich an! Ich und mein Mann sind vor acht Tage bedroht, weil ich gesagt habe, ich werd mich beschwehrn, daß die Schubiak uns belestigt. Werte Herren und bitte ich Sie ihr mal ordentlich ein einzuschenken, daß sie ruhiger wird.

Frau Hartnack.

Noch was. Vorgestern ist schon wieder eine elecktrische Birne von die Treppenbeleuchtung geput gegangen. Es ist schon bereitz in 4 Wochen die dritte. Ist es wohl besser, wenn da Dratkorb rüber kommt. Denn ich hab es in viele Treppenhäuser schohn gesehen, wohl aus dem Grunde – das die guten Birnen immer geklaut werden.

Sollen die Birrnen durch dehn Dratkorb dann gut bleiben, dann is der Fehler ja entdeckt. Sonst mus es ja an die Leitung liegen. Jeder kann solches Ungerechtes nicht sehen!

„SITT IN"

Wenn Klein Erna ganix mit sich anzufangen weiß, denn wühlt sie in ihrn Sachen zun Anziehn rum und probiert mal lang, mal kurz, tütelt sich Ketten um'n Hals und'n Band um Kopf und geht los in Richtung Tschibo! Da is immer was los! Tüpenversammlung! Jeder so verrückt, wie er kann! In'n Laden und vorn Laden! Is direkt'n Treffpunkt! Stehn da rum und finden sich „Klasse"!

Wie Klein Erna da neulich mittenmang steht, kommt da sone Horde „Demonstranten" vorbei! Alle eingehakt, laut gröhlend, alle schlackerich angezogen – alle viele Haare aufn Kopf und in Gesicht! Tragen Schilder:

„Wir verlangen Bildungsreform!"

„Entmachtet die Professoren!"

„Alle gleiches Recht!" „Nie wieder Krieg!"

Und so weiter. Da winkt einer aus der Horde und schreit: „Man los, ihr – mitmachen – demonstriern!"
„Gegen was denn?" schreit Klein Erna zurück.
„Gegen alles! Für mehr Geld und weniger Arbeit!"
„Oh, scha", sagt Klein Erna, „bin ich auch für", hakt sich ein und protestiert mit. Macht Spaß! Ehrlich! Alle Autos müssen halten! Die blöden Bürger machen dumme Gesichter. Einige drohen mit den Fäusten und brüllen was dagegen! Kein Mensch versteht ein Wort! – Mittemal Klopperei – und Polizei! Stichwort „Audimax"! Alles rennt auseinander. Klein Erna wird mitgezogen – an Hand – und fragt: „Was das denn – ‚Audimax'?"
„Is Uni-Treffpunkt!"
In der Uni treffen sie sich alle wieder – werden immer mehr, von allen Seiten kommen alle möglichen Typen und machen „Sit-in!" Lagern sich auf'n Fußboden, rauchen und gröhlen immer wieder „Ho - tschi - min!"
Klein Erna immer lauthals mitgeschrien:
„Ho - tschi - min!"
Paar Stunden geht das nu schon, da komm'n Dutzend Polizeiautos. Die Widerspenstigsten werden eingeladen – Klein Erna auch! Beim Verhor kommt nich recht was bei raus, weil Klein Erna scha man bloß Mitläufer is. Wie Klein Erna entlassen wird, sagt sie: „Ach Herr Polizeimeister, ich hätt ma eine Frage!"
Der Polizeimensch nickt.
„Sagen Sie mal – – Was is eigentlich ‚Ho - tschi - min'?!"

„Haha“, lacht Mamma, „das klingt ja grad so, als wenn man Bildung kriegt, wenn man sich'n Vermögen zusammengespaat hat!“
Sie sitzt mit Pappa vor der Glotzkiste, wo grad'n Vortrag über „Vermögensbildung für alle“ gehalten wird.
„Du, Pappa, das klingt gaanich so dumm, was der Schiller da sagt! Warum solln wir nich auch mal zu Vermögen kommn? Hast gehört, was der da eben gesagt hat?: ‚Der Staat schenkt Ihnen Geld in Gestalt von Prämien! Lassen Sie sich von Ihrer Bank beraten!‘ “
Mamma is ganz aufgeregt bei dem Gedanken, Geld geschenkt zu kriegen: „Morgen gehn wir nach der Bank und lassen uns beraten!“
Gesagt – getan!
Sie werden in ein kleines Beratungszimmer geführt, und bevor Pappa'n Mund aufmachen kann, sagt Mamma:
„Ach, Herr Bankdirektor, wir hätten mal ne Frage! Wie geht das, wenn man spaat, wieviel kriegt man denn geschenkt?“
„Nun, das kommt ganz darauf an, wieviel Kinder Sie haben!“
„Eins, nur Klein Erna – Klein Bubi ham wir eingebüßt, der ischa bei Neumühln in Wasser gefallen!“
„So so – dann sieht die Sache so aus“, sagt der Berater, „wenn Sie im Jahr 624,– Mark sparen, denn – –“
Mamma redet gleich dazwischen: „Oh scha, ich weiß, Pappa, du 600,–, ich 24,–!“
„Also“, fährt der Herr fort, „wenn Sie 624,– Mark sparen, das heißt monatlich 52,–, dann haben Sie nach sechs Jahren nicht 3744,– Mark, sondern 5711,– Mark!

Eintausendneunhundertundsiebenundsechzig Mark und elf erhalten Sie vom Staat als Prämie mit Zins und Zinseszins! Außerdem gibt's 1123,20 Mark Spareinlage vom Arbeitgeber!"

Mamma: – – – „Und Zinseszins – Mensch, dascha doll! Aber, wissen Sie –, geht das nich auch schneller?"

„Nein, meine Herrschaften, sechs Jahre liegt das Geld fest, und dann erst gibt's die Belohnung!"

„Tscha, Herr Bankdirektor, unsere Tochter Erna, die soll das mal besser haben! Die is jetz vierzehn, denn könn wir ihr mit einundzwanzig was zu die Aussteuer mit beisteuern! Denn haben wir mittenmal'n ganzen Batzen auf'n Tisch!"

Befriedigt verlassen sie die Bank!

Neulich – in Bietschuppen, wo das immer so bunt an die Wände flimmert und wo man vor lauter Krach sein eigenes Wort nicht verstehen kann, sitzt Klein Erna gelankweilt inner Ecke und denkt: Ischa einklich ööde – immer dasselbe – –! In den Momang kommt einer, setzt sich daneben und will in Unterhaltung machen! Kommt ganz nah an Klein Erna ihr Ohr und sagt was. Klein Erna zuckt nur mit'n Schultern und schreit: „Versteh kein Wort!"

Er kommt näher und sagt wieder was!

Kl. E.: „Versteh immer Jiesses kraist!"

Er: „Is richtich!"

Kl. E.: „Was das denn?"

Er: „Jesus Christus – – auf Englisch!"

Kl. E.: „Och soo, na und?"

Er: „Is doch die Welle – schetz in Hamburch inne Kirche!"

Kl. E.: „Ach was!"

Er: „Man los, komm mit – is heute Spätvorstellung! Is fix was los da!"

Kl. E.: „Inne Kirche? Was los? Wills mich wohl bekehrn, was?"

Er: „Nee, nur mal sehn, was da an is, man muß ‚in' sein!"

Wie Klein Erna ihn immer noch ungläubich ankuckt, sagt er: „Ehrlich – kanns selbs sehn!"

Da issi denn mit hingegang! Wie sie reinkommn inni Petrikirche, is da son Podium aufgebaut mitn Drahtgitter rum – ganz in Schwaaz! Und Scheinwerfer und Mikrophone an allen Ecken und sowas alles. Mitnmal geht das Lich aus, und schwaaze Gestalten versammeln sich inne Mitte in Kreis und kucken alle nach unten aufn Fußboden, als ob sie da was zu suchen hätten! Musik geht los! Sagen wir mal so „mittelpopp", und denn gehtas Licht wieder an, und denn fängt ein Mädchen mitn Schild umn Hals an zu reden und zeigt dabei immer mitn Zeigefinger inni Luft! War sicher aus der Bibel! Und dazu machen die andern in ihrn schwaazen Triko richtige Turnübungen, so mit Beine hoch und Kniebeugen und sowas alles. Aufm Schild, was das Mädchen umn Hals hat, steht: Aristoteles. „Wassis das nu wieder", denkt Klein Erna. Und die Musik wird immer poppiger, und alle jiddeln und hopsen und singn durchnanner! Da – mittnmal geht'n Scheinwerfer an und strahlt auf die Kanzel an der einen Seite – und ein ohrnbetäubender Bums und Krach geht los! Da steht da son Langhaariger in'n ganz bunten Kostüm und fängt lauthals an zu singn mit ner ganz tollen Stimme – das muß man schon sagn –: „Bereitet den Weg für den Herrn!"

Das war das erste, was Klein Erna verstanden hat! Das singt er so 20mal hinternanner, dabei geht er durch die Kirche aufs Podium, und die schwaazen Leute laufen weg! Nach ne Zeit, wie er immer noch „Bereitet den Weg..." singt, kommn die andern wieder auf die Bühne gescheest! Aber wie! So richtig bunt und verrückt – wie zun Künslerfest – nee, noch bunter – und fangn an, wie die Wahnsinnigen zu tanzen und zu albern, wobei die Musik immer wilder und lauter wird! Muß für die ja Spaß gemacht habn, aber was das mit Bibel und Jesus zu tun habn soll – das konnte wohl kein ein begreifen! Die Musik war ja Klasse, ehrlich – da war was los da oben, am liebsten hätte Klein Erna da mitgehopst und in die Hände geklatscht und sowas alles!

Einer war dabei, in son gestreiften Overall, der erzählte die meisten Geschichten, und die andern machten ihre Faxen dazu!

„Nee" – denkt Klein Erna – „ischa ganz komisch, aber was hat denn das mit Jesus zu tun?"

Ganz zum Schluß, wie ER ans Kreuz genagelt wurde, die taten natürlich nur so – mit'n roten Band ans Gitter –, da hat Klein Erna gemerkt, daß das Jesus sein sollte! Tscha, der ganze Schluß war überhaup viel zu ernst! Gaanich mehr so lustig wie am Anfang!

Und wie sie IHN denn mit Gesang rausgetragen hatten – mitten durch die Kirche auf'n Schultern –, denkt Klein Erna: „So, nu is Schluß!"

Da kommn sie doch alle wieder angejagt – auch der tote Jesus – und jiddeln auf der Bühne weiter, machen Purzelbäume und lieben sich und all son Kram!

„Komisches Stück", denkt Klein Erna, und bein Rausgehn sagt sie zu ihrn Freund: „Glaubs du vielleich, daß die mit ihr komischen Getöse und Gehopse irgend schemand zum Glauben bekehrn könn? Mich nich!"

„Ach" – sagt der Freund – „das is doch die große Welle – kommt aus Amerika! Die meinen, das is besser als Hasch, und die sagen: Jesus kommt!"

Kl. E.: „Tscha, meintswegen! Und wenn ER nu nich kommt, was denn?"

ROCKER VOR GERICHT

Ein von oben bis unten in schwarzes Leder gekleideter Jugendlicher mit schulterlangen wilden Haaren wird vom Richter aufgerufen. Der lümmelt sich von seinem Sitz hoch und schlackst widerwillig zum Richtertisch. Flegelige Haltung, Hände in die Taschen der hautnahen Lederhose gezwängt. Unbeteiligter Blick irgendwo in die Gegend.

Richter: „Ihr Name?"

Angeklagter: „Wissen Sie scha längs – ham Sie scha schwaaz auf weiß!"

R.: „Angeklagter, wenn ich Sie etwas frage, haben Sie ordnungsgemäß zu antworten, und nehmen Sie gefälligst die Hände aus den Taschen, Sie stehen hier vor Gericht!"

Der Angeklagte rekelt die Hände aus den Taschen und stemmt sie in die Hüften. Sagt: „Nu besser?"

R.: „Ihr Name?"

A.: „Wärna!"

Nachdem nu Wärna nach wiederholten Aufforderungen seinen ganzen Namen und die Adresse von sich gegeben hat, liest der Richter die Anklage vor, woraus ersichtlich ist, daß sich Wärna im Selbstbedienungsladen bereichert und nicht bezahlt hat.

R.: „Was sagen Sie zu der Anklage?"

A.: „Ich? – Nix!"

R.: „Stimmt es, daß Sie sich am 12. 3. dieses Jahres dieser Tat schuldig gemacht haben?"

A.: „Wieso schuldich? Ich happ mich denn wohl nua selbs bedient! Daaf ich doch – was?"

R.: „Gut, das dürfen Sie – aber Sie haben das Zahlen vergessen!"

A.: „Ich weiß von nix was von – kannich mich scha gaanich an erinnern – muß ich wohl'n fixen Rausch gehapp ham!"

R.: „Also in dem Selbstbedienungsladen wurde folgendes Leergut gefunden: Ein leeres Glas Knackwürste, eine halb leergedrückte Tube Senf, drei leere Bierflaschen, eine angebrochene Flasche Korn, ein angekautes Meterbrot, ein geöffnetes Glas Pflaumen – –"

A.: „Halt – nu ma sachte – Flaumn essich gaanich – nua Erdbeern!"

R.: „Ein geleertes Glas Erdbeeren – sehen Sie, damit haben Sie sich ja schon verraten und die Tat zugegeben!"

A.: „Was happich? Zugegeben? Nix happich zugegeben, annere Leute mögn scha schließlich auch Erdbean! – Außerdem warn die ganz matschich!"

R.: „Ah so – na ja, nun wollen wir mal weitersehen! Übrigens, was haben Sie da eigentlich für Orden an Ihrer Lederkleidung?"

A.: „Ich? Ach nur so – aus'n Trödelladen – sammel ich – find ich gut!"

R.: „Nun, das ist Geschmackssache! Und so eine Kleidung mit so einem breiten Nietengürtel kostet ja sicher auch ganz viel Geld!"

A.: „Klaa – kann ich mir eben leisten!"

R.: „So, wie verdienen Sie denn Ihr Geld?"

A.: „Das geht Sie einklich gaanix an, Sie – das happich ebent!"

R.: „Na, wenn das denn soo ist, dann werde ich dieses Vergehen mit folgender Strafe belegen: Entweder 14 Tage Haft oder eine Geldstrafe von DM 500,–!"

A.: „Klasse!" Greift hinten in die Lederhose, zückt eine dicke Lederbrieftasche, blättert fünf Blaue hin und sagt: „Da!"

R.: „Sie geben also damit zu, die Tat begangen zu haben!"

A.: „Gaanix geb ich zu, aufn paa Blaue kommt mir das nich an – Sie Klookschieter – ich will bloß kein'n Streit mit Ihn'n anfangn!"

SCHMUCK

Immer, wenn Klein Erna wieder'n büschen Geld beisammn hat, denn jückt sie das ganz foochtba! Sie leecht scha alles in Mode an! Muscha immer ma wieder was Neues sein! Wo sie doch schon soviel hat! Die Modefritzen denken sich aber auch immer wieder was anderes aus, damit die Schugend gierich danach wird!
Kuckt sie neulich bei C. & A. rein, da kann man scha so schön hemmungslos inne Kleiderständer wühln und probian!
Jetz hat sie eins bein Wickel – son bunten Fummel –, der hat ihr das direck angetahn! So ein, wie auf ner Zigarettenreklame, wo da sone Dame is, die so elegant aussieht, wenn sie raucht, und so lässich die Hand hält mit Rüschen an'n Ärmel!

So richtich Duft der großen Welt!
Sie geht mit ihrn „Duft" in Aam in son Umziehkabuff!
Wie sie das anhat, geht sie damit raus, damit sie sich vor son annern Spiegel von weiten bekucken kann!
„Schääk" – denkt sie – „und paßt wie angegossen – is so richtich mein Tüp – so damenhaft!"
Da kommt ne Verkäuferin da über zu und sagt ganz beeindruckt: „Das kleidet Sie aber gut – is das Allerneueste – is heute ers reingekomn! Sehr elegant und preiswert! Hat auch die richtige ‚Schmuckarmlänge'!"
„Was hat es?"
„Ja, sehen Sie, werte Dame, das Volang von den Ärmel hört gerade son büschen übern Handgelenk auf, damit der Schmuck nich verdeckt wird!"
„Ah – so – ja, hab heute gaakein'n angeleecht!"
Sie kauft das Kleid. Und das mit den Schmuck – das kommt ihr nich aus'n Sinn!
Sie kuckt inne Schuwelierläden – und was da son richtiges Aamband is, das kost' so zwischen vier- und achthundert Maak!
„Nee" – denkt sie – „kommt gaanich inne Tüte – sooviel kann ich nu doch nich von Haushaltsgeld abzwakken!"
Sie versucht, den Gedanken an Schmuck loszuwerden!
Aber komisch is das! Wo nur irgendwas blitzt, mussi hinkucken! Und wie das der Zufall so will, kommt sie anne Rolltreppe von Kaufhof vorbei, da steht da son Mann und bietet ganz tolle breite Goldarmbänder an! Sonne mit ganz feinen Gliedern – und – Klein Erna kricht den Mund nich wieder zu! Die kosten man bloß zwanzich Maak! Sage und schreibe!
Das höan und kaufen is eins!
Und wie sie am nächsten Tag das feine Kleid mit Aam-

band ihre Freundin Frieda vorführt und ihr erzählt, was das Aamband nur gekostet hat, da is die ganz platt und sagt: „Mensch, Klein Erna, dascha toll! Ehrlich, sieht weaklich aus wie echt! Ich find scha, man kann ruhig unechten Schmuck tragen, wenn er soo gut gemacht is, daß man das doch nich unterscheiden kann! Es kommt scha immer da auf an, wer sowas trägt! Wenn du das trägst, denkt sowieso scheder, daß das echt is!"

„HEISSE ÖFCHEN"

Klein Erna ischa Mitglied vom Club „Flotte Gurke"! Ham sie alle son Gesundheitsfahrrad mit Rücklehne und komische Lenkstange und all son Tütelkram an – Spiegel und Fähnchen und sowas alles!
Sind sie fix stolz auf! Gurken sie immer mit inne Gegend rum, machen Ausflüge und Wettrennen! Macht

Spaß, is Klasse – ehrlich! Neulich ham sie ne Relli gemacht! Immer so um Flaschen rum und mit Aufgaben lösen – und Preise kriegen! War schääk! Dufte!!
Und nu – plötzlich sind die „flotten Gurken" ganich mehr zufrieden! Was war geschehn?
Kommt doch neulich Litschi in ihrn ledernen Hott-Penz und mit'n Sturzhelm auf mit soner neumodschen Knatterbüxe an! Sone „Mofa" mitn klein Motor, wo man kein Führerschein zu braucht!
Waren sie alle neidisch auf! Hat sie aber auch fix mit angegeben!
„Das is ‚Spitze'", sagt Klein Erna, „muß ich auch ham!"
Und denn sagt Litschi, ihr Mofa is'n „heißes Öfchen"!
„Warum?" fragt Klein Erna.
„Tscha, faß ma an – an mein Auspuff! Is das vielleicht kein heißer Ofen? Kann man schicken Krach mit machen und Leute ärgern!"

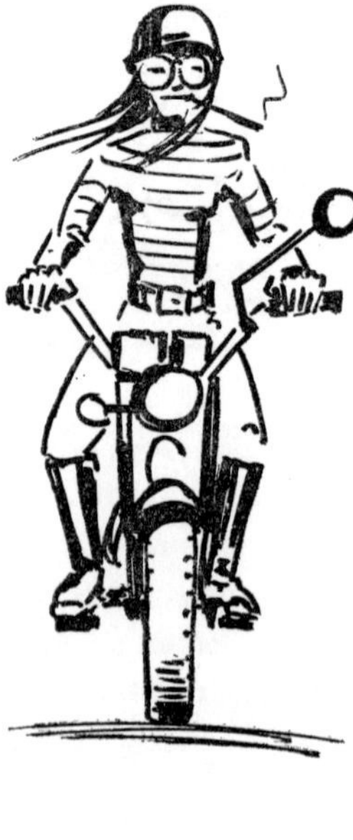

DIE PILLE

Pa Tage vor Klein Erna ihrn 17. Geburtstag kommt Mamma zu ihr hin und fragt: „Na, mein Deern, was wünscht du dir denn?"

Klein Erna druckst herum und sagt schließlich: „Ooch – – ich wüßte schon was –!"

Mamma: „Ach nee, wenn das um Wünsche geht, da bist du nie verlegen um – da hast du immer was auf Lager, wo du doch schon alles hast! Son Mohfahr – oder wie das Dings heißt – und'n eigenen Seher und Mini und Midi und Maxi – und Stiefel dazu – und all son Krahm! Alles hastu aber auch!"

Klein Erna: „Eben nich!"

Mamma: „Na, nu saach schon!"

Klein Erna: „Äh – – Hm – – die Pille!"

Mamma bleibt vor Schreck die Luft weg und wird ganz rot. Wie sie wieder zu sich kommt, sagt sie: „Was willst du haben? Was für 'ne Pille?"

Klein Erna: „Ach Mamma, nu tu man nich so – du weißt schon – oder soll ich dir vielleich mit'n Kind nachhause komm?"

Mamma: „Mensch, du bist doch noch'n dummes Göhr – komm mir janich mit sowas!"

Klein Erna: „Du hast gut reden – in dein Alter –, aber ich kann das nu bald nich mehr app – dies ewige Gedrängel von Heini!"

Mamma: „Ach was – mußtu gaanich injorian!"

Klein Erna: „Da hat das Frieda aber gut. Der ihre Mutter is von selbs angekomm und hat ihr die Pille gegeben und hat gesagt: ‚Besser is besser!'"

Mamma: „Also nee, die heutige Schugend – wenn ich da so an denken tu, wie ich so schung wa, da kam doch vor der Ehe mit Pappa kein ein an'n Drücker! – Und später, wie du und Klein Bubi aufer Welt warn, da hatt ich die Nase voll von Kinderkriegen! Da bin ich denn zun Aazt gegang und hab ihn nachn Mittel gefragt!"

Klein Erna: „Na und? Die Pille gab das doch noch nich!

Mamma: „Nee, die Pille nich, aber Wasser!"

Klein Erna: „Wieso Wasser?"

Mamma: „Schaa, ich sollte denn'n Glas Wasser trinken!"

Klein Erna: „Wieso – –, vorher oder hinterher?"

Mamma: „Statt dessen – du Döösbaddel!"

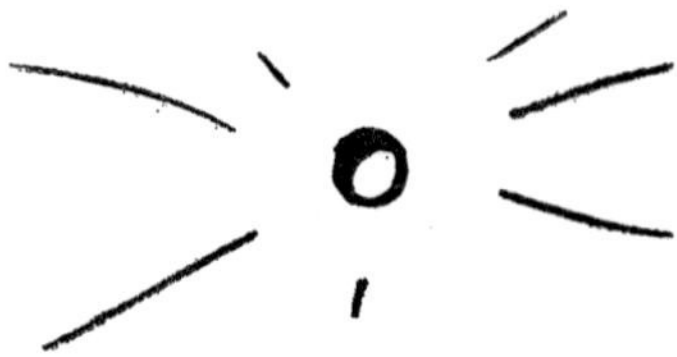

DOCUMENTA

Manchma geht Heini abends noch aufn Bier inne Kneipe an der Ecke, wo die jetz'n Faabfernseher ham, und wenn er bei Laune is, nimmt er Klein Erna mit. Wie sie da neulich glotzen, kommt „Documenta"!

„Ausdrehn", schrein die meisten, „anneres Programm!"

Heini sagt: „Halt, laß doch ma sehn, is vielleich ganz komisch!"

Da zeigen die'n ganzen Saal mit Fotos! Nua Gesichter!

„Kuck", sagt Klein Erna, „jetz zeign die schon Fotos als Kunst!"

Und denn kommn Autos und'n Autofriedhof und Telefonzellen und Stadthäuser! Alles genau wie in Leben! Da hört man die Leute inner Kneipe sagen: „Zurück zua Natua" und „Is Klasse, ehrlich" und „Endlich kann man die Sachen erkennen!"
Da sagt ein Künstler im „Seher", wie das gemacht wird! Der wirft nämlich'n Faabdia auf die Leinwand und malt das denn einfach ab! So einfach is das! Kann jeder mit'n büschen Geduld und Spucke!
Mitnmal kommn – wie in Panoptikum – richtige Neger mit alln dran, Haare und Zeuch, liegen so in Rinnstein mit Dreck umrum und sowas alles!
Da sagt Klein Erna: „Gitt nee, das soll Kuns sein?"
Und denn kommt'n Liebespaa in Lebnsgröße, ganz nackich mit rosane Haut und Krusselhaare! So mittnmang beim Lieben!
„Mensch", sagt Heini, „die kanns mir schenken, Klein Erna, stell dia ma voa, die bei uns inne Wohnstube aufn Wertiko!"
Und denn steht da plötzlich'n echtes lebendes nackiges Mädchen – als „Kunst"! Am Hals hat sie sone Aat Hundehalsband, was mit ner langen Kette anner Decke festgemacht is! Und der „Künstler" sitz davoa und malt ihr kleine weiße Striche ans Bein! Is Kunst! Kanns selbs sehn!
Und denn kommt der Höhepunkt: Da geht da son Wesen auf ne Wiese spazian, das hat'n Ding aufn Kopf, wie'n großer schwaazer Schornstein! Und damit er nich umkippt, sind da oben lange Bänder an, da müssen immer andere Leute das Gleichgewicht mit halten! Und so gehn die denn alle fünf durch die Gegend! Soll auch Kunst sein!

Da sagt Klein Erna: „Du, Heini, den Hut kanns du mia zu Weihnachn schenken, da geh ich denn aufn Jungfernstiech mit spazian!"
Schließlich wird Klein Erna das zu und zu dumm, da sagt sie zu Heini: „Komm bloß schetz mit zuhause, das kann ich nu nich länger mit ansehn! Ich muß mich ma'n Augnblick inne Wohnstube vor unsere ‚Heidelandschaff' setzen, da weiß man doch, was man hat!"

INHALT